RÉVISION

DU

PROJET DE CONSTITUTION.

PÉTITION

A Messieurs les membres de l'Assemblée Nationale.

NANTES,

Imprimerie de CH. GAILMARD, rue du Pas-Périlleux, 10.

1848.

RÉVISION

DU

PROJET DE CONSTITUTION.

PÉTITION

A Messieurs les membres de l'Assemblée Nationale.

Messieurs les Représentants,

Vous avez très sagement décrété, que le projet de constitution aujourd'hui discuté par vous, serait de nouveau mis en délibération, pour être modifié, revisé, et rectifié par vous-mêmes, d'après les conditions que la presse, l'opinion publique et vos nouvelles méditations vous auraient signalées comme dignes d'une sérieuse attention.

Cette mesure de révision est aujourd'hui d'autant plus nécessaire, d'autant plus urgente, que ce projet de constitution soulève partout de très-grandes oppositions, de la part de citoyens éclairés, et qu'il n'a été encore provisoirement adopté, que par une majorité de voix assez peu concluante; puisque la presse, organe de l'opinion publique, n'a pas été libre d'éclairer toutes les questions de droit public et social, attendu la suspension dictatoriale des journaux à Paris. Or jamais la dictature, pouvoir essentiellement arbitraire, n'a pu fonder le règne d'une sincère liberté.

Il est de rigueur logique, que chez toute nation qui se constitue sur la demande de tous les citoyens, le projet de la constitution ne doive passer à l'état définitif, qu'au moyen de la presque unanimité de l'assemblée constituante, et par la sanction même du peuple loyalement exprimée.

Une constitution n'est qu'une forme sociale élevée sur la base incontestable des droits publics.

Aujourd'hui, en France, c'est une république qu'il s'agit de constituer d'une manière stable et par des principes immuables. On peut varier sur quelques questions de forme; maison doit être d'un accord unanime, au sujet de la base sur laquelle la forme républicaine doit être édifiée.

Cette base, c'est l'ensemble de tous les droits des citoyens français, et il n'y en a pas d'autre possible; c'est-à-dire c'est la souveraineté individuelle et universelle de tous les Français, s'exerçant dans les divers ordres du suffrage électoral.

La source de cette souveraineté civile découle de la nature de l'homme, qui est reconnu un être social, libre, moral, actif, maître dans la sphère de son existence, ayant droit de se posséder, de se gouverner lui-même dans sa propre liberté et dans l'ordre de vérité et de justice, qui proclame que chacun doit jouir de la liberté et de l'égalité de nature.

Tel est le principe fondamental de la souveraineté qui réside dans chaque citoyen, et qui est chez lui inaliénable et imprescriptible. Tel est le principe de la république française, fondée sur la vérité du suffrage individuel et universel.

Ainsi nous avons droit, droit incontestable, de vous demander la révision de plusieurs articles du projet de constitution, qui sont en contradiction formelle avec les principes irréfragables de la liberté et de l'égalité, base impérissable de nos droits civils.

Les articles dont nous vous demandons instamment la révision, sont comme résumés dans celui-ci qui est fondamental :

Art. 1er. « La souveraineté réside dans l'universalité des citoyens français.

» Elle est inaliénable et imprescriptible.

» Aucun individu, aucune fraction du peuple ne peut s'en attribuer l'exercice ! »

Nous vous prions de remarquer que ce principe de souveraineté ainsi formulé est la négation même de tous les droits des citoyens à la liberté.

Car, si la souveraineté réside dans l'*universalité* des citoyens, elle ne réside donc pas dans la personne même de chaque citoyen. Mais si le citoyen n'est pas, en sa personne, souverain de lui-même, il n'a donc aucun droit naturel à la liberté. Il ne peut disposer véritablement ni de sa personne, ni de son foyer, ni de son culte, ni de sa famille, ni de ses pensées, ni de ses efforts, ni de son travail, ni de ses biens, ni de son commerce, ni de son industrie. Il ne s'appartient donc pas à lui-même.

Dès lors, pourquoi le tromper, pourquoi faire découler le pouvoir politique du suffrage individuel et

universel des citoyens? Il y a ici plus qu'une erreur,
plus qu'une contradiction choquante. Si la souveraineté
n'est pas dans le citoyen, qui, en votant, produit par
émanation un pouvoir extérieur dépendant du sien et
inférieur au sien, c'est donc qu'il est, comme citoyen,
un être inintelligent, impuissant, qui n'a pas la cons-
cience de ce qu'il fait, et qui cependant crée un pouvoir
plus grand, plus sage que le sien, et cela, sans le
savoir, sans le comprendre. Il abdique donc ses droits
et toute sa dignité naturelle, au moment même qu'il
a voté, et produit uu acte de sa libre volonté. Il ne
sait ce qu'il a fait, et il attend que l'assemblée qu'il
vient de nommer, lui dise ce qu'il est vraiment, et lui
explique qu'il n'est rien et qu'il n'est pas souverain lui-
même, puisque c'est elle qui lui *octroye* des droits.

Le Panthéisme gouvernemental est le fond même de
la doctrine qui pose la souveraineté dans l'*universalité*
des citoyens, et qui a pour conséquence, la centralisation ou l'absorption des administrations locales par
l'état. Le vrai libéralisme repose sur la doctrine de l'*in-
dividualisme*, et proclame que la source de la souveraineté, n'est que dans la personne du citoyen, qui
elle-même imprime le mouvement d'administration et
de gouvernement, à tout ordre républicain fondé sur le
respect des libertés communes. Dans le panthéisme,
l'Etat est tout, gouverne tout, dogmatise sur tout,
enseigne tout et pour cette fin, il détruit toutes les libertés
civiles. Dans le libéralisme républicain, l'Etat n'est que
la chose publique, le citoyen est tout, puisque le pays
doit être administré par le pays.

Si le citoyen, dans la nouvelle république que vous fondez par votre système de constitution, ne s'appartient pas, en vertu du principe posé par vous, que la souveraineté ne réside pas en lui, mais dans une abstraction, ou sorte de chose indéfinissable, qu'on nomme *l'universalité des Français*, le citoyen français est donc moins que le citoyen anglais, moins que le citoyen belge, moins que le citoyen américain, qui tous sont individuellement souverains d'eux-mêmes, qui disposent d'eux-mêmes, qui se possèdent eux-mêmes, qui se gouvernent eux-mêmes, d'après le principe républicain du *government by himself*.

Si, en vertu de votre premier article de constitution, qui définit la souveraineté comme résidant dans un être fantastique qui n'a aucune réalité, et en vertu de votre article 33 qui, en proscrivant tout mandat impératif, arrache jusqu'aux racines le principe de la souveraineté civile, individuelle; si le citoyen français n'a aucun droit naturel et essentiellement personnel à la liberté, c'est-à-dire à la possession de lui-même, il est donc aujourd'hui un esclave, une chose qui ne peut être que possédée, une partie d'un tout qu'on ne peut ni saisir, ni connaître, et qu'on nomme l'universalité ou le panthéisme des êtres. Il est moins que rien, car il est effacé du nombre dès êtres libres et pensants. Il serait donc dans la nouvelle république que vous entendez inaugurer sous le fatal principe du panthéisme, moins qu'il ne fut lui-même sous l'ancienne monarchie, qui respectait au moins l'individualité des êtres, et qui proclamait, dans le moyen âge, des chartes de liberté municipale et provinciale, qui sont aujourd'hui conservées, dans notre histoire comme des monuments d'honneur pour les Français. Le citoyen de la république actuelle serait donc moins qu'il ne fut en lui-même sous le gouvernement odieux, corrupteur et centralisateur, qui est tombé en février dernier; car ouvrez la charte de 1830, et vous y lirez à la première page, les droits naturels des citoyens français, les droits de souveraineté ou de liberté individuelle, définis comme inhérents à la personne même de chaque citoyen français. Les onze premiers articles de cette charte reposent sur ce principe, que la souveraineté réside dans la PERSONNE même de chaque citoyen, et qu'elle y est inaliénable et véritablement imprescriptible.

Ainsi le projet de constitution actuel, s'il venait à être adopté avec son fatal principe panthéistique comme base, nous ferait perdre tous les droits civils, individuels et positifs, qui nous ont été reconnus depuis plus de trente ans au moins, comme étant notre patrimoine exclusif et impérissable : et il nous rejetterait, par un bond en arrière d'un demi siècle, au milieu des systèmes absurdes de cette Convention nationale, qui absorbait, dans une assemblée unique, toute la puissance sociale, tous les droits des citoyens, et qui s'appuyait sur la quadruple autorité du pouvoir constituant, du pouvoir législatif, du pouvoir exécutif, du pouvoir judiciaire. C'était alors la même condition de souveraineté, que celle que vous avez prise pour base de votre projet actuel de constitution. Lisez ces formules de constitutions qui se sont entassées dans peu d'années sur la poussière des unes des autres, c'est toujours le principe que *la souveraineté réside dans l'universalité des citoyens français*, c'est-à-dire qu'elle n'existe nulle part comme apanage divin de l'homme individuel, qu'elle n'est qu'une *chose*, qu'un talisman fatal, dont toute assemblée peut s'emparer, pour s'attribuer l'omnipotence, l'infaillibilité, et se dire elle-même la raison de tout ce qui existe dans la société. Aussi la Convention, qui avait confisqué tous les droits des Français, n'a pu se soutenir avec ce principe absurde pour base, que par la terreur, par le sang, par les proscriptions et par la ruine de l'ordre social, moral et religieux.

Telle n'est pas votre pensée, Messieurs les Représentants. Vous êtes animés de pures et nobles intentions. Vous voulez véritablement la liberté pour tous. Vous voulez fonder une république sur les droits civils. Mais prenez garde de vous poser sur une base qui vous ferait crouler vous-mêmes, en exaltant outre mesure votre pouvoir, que vous n'avez que d'emprunt et qui ne peut jamais être omnipotent, suprême ni infaillible. Prenez garde de manquer votre but et votre mission : et défiez-vous de ceux qui vous disent, que vous pouvez tout contre nous, même changer nos droits NATURELS en des droits OCTROYÉS.

Remarquez que le principe de souveraineté que vous avez proclamé au profit de votre suprême puissance, vous mène, malgré vous, malgré vos résistances morales déterminées par vos vertus et par votre propre honnêteté, vous mène nécessairement à des mesures d'oppression, à des mesures violentes contre la liberté des citoyens, surtout contre la liberté de la presse, que vous serez condamnés à supprimer ou à étouffer, par des lois plus dures, plus pesantes que celles qu'on appelle les lois de septembre.

Vous êtes entrainés par la logique de votre faux principe, vous entraînez avec vous, la nation tout entière, dans l'abîme de révolutions sans fin. Car une fausse base donnée à la constitution d'un pays rend impossibles les conditions d'ordre et de liberté. Si vous échappez aux fureurs de 1793, craignez de recommencer du moins les gouvernements impuissants et follement ridicules de la fin du dernier siècle. Dieu veuille que la France, lassée de ces expériences soi-disant républicaines, en voyant que, par un faux principe de souveraineté, vous dépossédez les citoyens de leurs propres droits, pour ne leur attribuer que des droits OCTROYÉS par vous-mêmes; Dieu veuille que cette France malheureuse et toujours méconnue, ne se jette pas, par un faux calcul de repos, dans un nouveau despotisme napoléonien ; dernière et triste fin des assemblées qui ont renié les droits individuels des citoyens.

Quoi donc ! il n'y aurait pas moyen de fonder une république tranquille en France, parce que les assemblées constituantes sorties du suffrage individuel, prétendraient toujours repousser ce seul principe qui puisse fonder la république, ce principe même dont elles émanent, savoir : que la *souveraineté réside dans la personne même de chaque citoyen français.*

En vertu de ce vrai principe républicain, les assemblées même constituantes ne sont plus que des déléga-

tions de la puissance individuelle des citoyens, parce
que ceux-ci, se réservant leurs droits primordiaux,
naturels, inaliénables, à la liberté commune, ne concé-
dent aux assemblées, qu'un pouvoir limité, défini, révo-
cable et responsable, sous la condition de sanction de
tout système de formes constitutionnelles.

Sous ce principe, la république s'élève comme une
pyramide semblable à celles d'Egypte et plus impérissable qu'elles.

Sa base immense n'est autre que les droits naturels
de tous les citoyens ou de chacun des membres de la
société française. Ces droits qui tiennent à la personne,
comprennent le culte, la famille, l'enseignement, l'asso-
ciation, la publication de pensées, l'union d'efforts, la
possession individuelle. Ils restent à la base de la pyramide : ils en soutiennent l'édifice; ils sont intactiles,
inviolables; et chaque citoyen est, dans l'ordre de ses
libertés privés, son propre pouvoir-exécutif.

Au dessus de cette base, la république reconnait
comme existants légalement les conseils municipaux,
qui reçoivent de chaque citoyen, par le suffrage indivi-
viduel et universel, le développement des droits qu'il
ne peut exercer lui-même. Ces conseils municipaux,
véritables unités sociales d'un ordre particulier, font
sortir d'eux-mêmes leur propre pouvoir-exécutif, qu'on
appelle les maires et les adjoints, chargés d'administrer
les intérêts locaux.

Au dessus de ces 35,000 conseils municipaux, s'élè-
vent les conseils d'arrondissement, produits également
du suffrage universel. Un pouvoir exécutif doit sortir de

ces conseils , pour administrer les intérêts particuliers à l'arrondissement.

Au dessus de ces 400 conseils d'arrondissement, apparaissent les conseils départementaux, produits également du suffrage universel, qui sont chargés des seuls intérêts départementaux. Un pouvoir-exécutif doit sortir de ces conseils, pour administrer les intérêts qui sont circonserits dans le département.

Au-dessus de ce 80 conseils départementaux, apparaît enfin l'assemblée nationale, divisée ou non en deux sections. Produit du suffrage universel, élle est chargée des intérêts généraux de la France, en dehors et au-dessus des cercles d'administration tracés à tous les conseils inférieurs. Un pouvoir-exécutif, inférieur à cette assemblée qui doit rester la plus haute expression du pouvoir national, doit sortir, non pas uniquement de cette assemblée, mais du concours de toutes les assemblées de degrés différents. C'est ainsi que le président de la république ne doit pas être, comme les divers conseils, le produit du suffrage universel, mais un produit secondaire tiré du suffrage de tous les conseils à la fois ; à fin de relier ensemble tous ces conseils dans une unité véritablement nationale, sans qu'il puisse lutter d'autorité avec l'assemblée, suprême conseil de la France.

Voilà les conditions d'une véritable république, et il n'y en a pas d'autres possibles. La paix, le commerce, l'ordre et la prospérité reparaîtraient à l'ombre d'un gouvernement essentiellement sorti de tous les citoyens, les mettant tous en action publique, au milieu de ces discussions libres de la presse, qui remettent à la longue toutes les choses dans l'ordre et l'harmonie.

L'assemblée nationale n'a pas compris ces conditions d'une vraie république. Elle s'est laissée égarer par le faux principe d'une souveraineté personnelle, absolue, omnipotente et semblable à celle proclamée par nos assemblées des plus mauvais jours du siècle dernier. Elle n'a pas vu qu'elle se pose par là en guerre sourde et permanente contre tous les citoyens français, dont elle enlève, supprime tous les droits, bien qu'ils en soient presque en possession : ce qui rend très-difficile de les en dépouiller. Elle n'a pas vu qu'elle détruisait la liberté civile et naturelle de tous les Français, pour la remplacer par une liberté *d'octroi*, par un titre de mauvaise valeur, qui ne sera jamais acceptée pour avoir cours.

Si l'article 1er et l'article 33 n'étaient pas modifiés et transformés dans une disposition absolument contraire, il n'y aurait plus en France, sous cette prétendue république qui ne serait au fond qu'un pouvoir oligarchique d'une assemblée unique, sans force par en haut, sans appui par en bas; il n'y aurait plus, que des droits *octroyés* par cette assemblée; droits *octroyés* non pas comme autrefois par une royauté qui se proclamait de droit divin, mais par l'assemblée actuelle, qui s'imposerait comme toute puissante et infaillible, en s'appuyant pourtant sur des suffrages qui ne valent qu'autant qu'ils émanent véritablement de la plus haute autorité sociale, c'est-à-dire de la souveraineté inaliénable et imprescriptible de chaque citoyen.

Malheureusement, tout le projet de constitution s'appuye sur la base fausse de son premier article.

Ainsi, il y est dit qu'aucun individu ne peut s'attribuer *l'exercice de la souveraineté.* Dès lors, aucun citoyen ne peut s'attribuer des droits de puissance sur sa propre personne, sur son propre culte, sur sa propre famille, sur ses propres biens. Donc, il n'a pas de liberté réelle ou naturelle : il n'a que des droits d'emprunt, des droits octroyés par ceux qui devraient se souvenir qu'ils ne sont que les représentants de nos droits naturels.

Ainsi, il est fait mention au titre du chapitre II, *des droits des citoyens garantis par la constitution :* ce qui veut dire, que ces droits ne sont pas supérieurs ni antérieurs à la constitution. Ils ne sont que garantis par la constitution, Donc ils découlent de la puissance qui fabrique la constitution. Donc ils sont octroyés, par l'assemblée nationale. Aussi, tout est louche dans l'énonciation de ces droits. Par exemple, il y est dit, que *chacun professe librement sa religion* ; et cependant le président du conseil des ministres impose encore aujourd'hui aux catholiques, des évêques de son choix, et comme cela lui plait. Il leur donne pour conducteur et pour chef, un ministre des cultes qu'il a nommé lui-même. Certes, ce n'est pas là un culte libre, tant s'en faut. En eflet, les droits de ce culte ne sont ici *qu'octroyés* ou imposés arbitrairement à chaque Français.

Il en est de même de la liberté d'enseignement qui ne peut s'exercer que sous la *surveillance de l'état,* c'est-à-dire, sous la coaction ou double action de l'état et du citoyen. C'est bien là encore une liberté *octroyée* et frappée jusque dans sa racine ; car, avec la surveillance de l'état, il n'y a plus même de criminalité ou de responsabilité de l'acte.

Il n'y a pas jusqu'à la liberté du travail et de l'industrie qui, découlant de l'article 13 du projet de constitution, ne puisse être considérée comme *octroyée* par l'assemblée nationale souveraine.

L'élection au chef-lieu de canton est encore une triste conséquence du principe faux de l'omnipotence de la chambre. Car, si la souveraineté réside dans la personne même du citoyen, comme on n'en peut douter, il y a donc, au contraire, toute raison de faire l'élection le plus près possible de l'électeur souverain. Si on ne peut la faire à son domicile réel, ce qui serait désirable, que ce soit au moins dans le lieu le plus rapproché de lui, c'est-à-dire au chef-lieu de sa propre commune, là ou sa propre souveraineté ne peut être contestable. Ainsi l'erreur de la base de la constitution a vicié presque tous les articles du projet, et elle doit faire comprendre la nécessité et la refonte entière du projet de constitution.

Le préambule de ce projet suppose encore et toujours le même principe erroné de l'omnipotence et de l'infaillibilité de l'assemblée nationale. En effet, ce système de constitution, bien loin de faire de la république la chose publique des citoyens, l'a transformée en une puissance suprême, qui est comme le dieu de la France. En conséquence, dans ce préambule, cette république y dogmatise, y moralise, y instruit les

Français de leurs devoirs envers elle, plutôt qu'elle ne proclame leurs droits civils antérieurs. C'est ici le panthéisme enseignant et en action. Par conséquent la liberté civile y est frappée de mort ; et tous nos droits maintenant définis par la constitution ne sont plus que des droits *octroyés et seulement garantis par la constitution*, sous la toute-puissante autorité de l'assemblée nationale. Tous nos devoirs nous sont imposés par cette assemblée qui pourtant, est émanée de nous par le suffrage individuel, qui a reçu une mission à remplir dont elle nous doit compte, et qui n'existe que par nous seuls.

Messieurs les représentants.

Il résulte de ce qui précède que rien n'est mieux fondé que notre présente réclamation ou respectueuse protestation, contre le principe que vous avez pris pour base du projet de constitution. La souveraineté ne réside pas dans l'universalité des citoyens : ce qui la reporterait toute entière à vous, comme vous disant les représentants de la France, quand vous n'êtes que les illustres représentants de chacun de nous, élus par chacun de nous pour soutenir et défendre nos droits inviolables de citoyens français. La souveraineté réside essentiellement dans chaque citoyen, et lui-même ne la cède à personne ; seulement il en délègue une portion à chacun de ceux qui constituent les divers conseils de la nation, depuis les conseils municipaux jusqu'à l'assemblée nationale. Nulle assemblée, quelque haute qu'elle soit, ne peut se constituer comme omnipotente et infaillible, sans renverser le principe républicain, qu[i] soutient les droits des citoyens, sans changer la nature ou l'essence du droit social, sans détruire son propre mandat, sans altérer toutes les notions de vérité et de justice.

En conséquence, nous venons vous demander instamment au nom de tous les citoyens français, de RÉVISER les articles, et surtout le premier article du projet de la constitution; dans le but de restituer aux Français leurs droits naturels, souverains, inaliénables, imprescriptibles, que jamais ils ne consentiront à laisser échanger, contre des droits *octroyés* par l'assemblée nationale, contre des droits secondaires garantis seulement par cette constitution, contre des droits frappés de conditions qui les détruisent, contre des droits qui ne pourraient s'exercer, que sous la surveillance et par le concours d'un suprême pouvoir exécutif.

Le projet de constitution doit revenir à la sanction de tous les citoyens. Il serait inacceptable par les Français, s'il n'était pas rectifié préalablement dans les conditions des principes qui lui servent de base. C'est le moyen de sauver notre pays de ces révolutions incessantes et de ces luttes, qui naissent toutes d'un faux principe de souveraineté favorable aux ambitions particulières.

Fondez donc sur la souveraineté de chaque citoyen, fondez une vraie république appuyée sur les droits de tous. Elle s'élevera comme une pyramide solide, composée de tous les conseils de divers degrés, produits du suffrage individuel et universel ; et elle constituera une véritable unité sociale, avec le principe populaire de l'administration du pays par le pays, et sur la ruine du funeste principe de centralisation administrative.

Une grande gloire vous attend, Messieurs les représentants, si, vous élevant au-dessus des vaines questions de personnes, vous savez réviser votre travail, vous rectifier vous-mêmes, pour faire justice au peuple français, et si vous parvenez à asseoir une république sage et tranquille, sur les seules bases qui peuvent lui garantir un long avenir.

Nous sommes avec une très-respectueuse considération, vos dévoués concitoyens,

Signé : H. de RÉGNON.

Membre dn conseil général de la Loire-Inférieure.

(et autres signatures) ₰

Nantes, 28 Octobre 1848.

SUPPLÉMENT.

Pour faire bien ressortir les vrais principes d'une république basée sur les droits des citoyens, d'où découle cette condition fondamentale de l'ADMINISTRATION DU PAYS PAR LE PAYS, nous croyons devoir les formuler dans un projet de constitution très-court, qui contienne les axiômes de toute société appuyée véritablement sur la liberté de tous. Or nous soutenons que tout ce qui se fera en France en dehors de ces principes, sera absolument et directement contraire à la liberté des citoyens, et rentrera dans le système justement condamné de liberté OCTROYÉE, de droits civils ABOLIS. Ce sera une usurpation des droits des Français, soit par un monarque quelconque au nom du droit divin. soit par des oligarques dominant une assemblée qui se dirait omnipotente, de par le droit fatal et dictatorial.

Le projet de constitution qui suit, exprime donc le vœu de tous les amis sincères de l'ordre et de la liberté, au-dessus de toute question de personnes.

PROJET

DE

CONSTITUTION DÉMOCRATIQUE.

Art. 1er. La souveraineté réside dans la personne même du citoyen français.

Elle est inaliénable et imprescriptible ; mais elle est susceptible de délégation, par mandat tacite ou explicite, et sous condition de sanction ou d'annulation.

Art. 2. Le citoyen se réserve toujours absolument la plénitude des droits naturels qu'il peut exercer par lui-même.

Ces droits réservés sont : la liberté entière de sa personne, de son domicile, de son culte, de l'éducation et de l'enseignement de ses enfants par qui bon lui semble ; la liberté de s'associer comme il le juge convenable, de s'assembler sans armes, de publier ses pensées, d'exercer son commerce et son industrie, |de gérer ses propriétés. Ces droits n'ont d'autre limite que les droits ou la liberté d'autrui.

Ainsi tout ce qui se fait, même législativement, contre l'exercice paisible et régulier de ces droits est nul de plein droit.

Art. 3. Le citoyen délègue la partie des droits qu'il ne peut exercer lui-même : 1° à des conseils municipaux chargés de choisir un maire et des adjoints et d'administrer la commune ; 2° à des conseils d'arrondissement chargés d'administrer l'arrondissement par un de ses membres ; 3° à des conseils départementaux chargés d'administrer le département par une commission prise dans son sein et composée de trois membres. La durée des conseils et des administrateurs est de six années, la moitié est renouvelée tous les trois ans.

ART. 4. Il délègue une autre partie de ces mêmes droits à une assemblée nationale, pour porter des lois qui ne peuvent jamais atteindre les droits civils qu'il s'est réservés, sans être frappées radicalement de nullité.

L'assemblée nationale est divisée en deux sections ou deux chambres : l'une de 500 membres élus directement par le suffrage universel recueilli aux chefs-lieux des communes, et par circonscription électorale de 70,000 habitants; l'autre de 300 membres provenant indirectement du suffrage universel, mais directement élus par les conseils généraux, à raison d'un membre par 100,000 habitants. Le scrutin d'élection est toujours secret.

ART. 5. Le président de la république est nommé pour quatre ans par tous les conseillers municipaux, tous les conseillers d'arrondissement, tous les conseillers généraux. Il ne peut rien sans l'autorisation unanime des deux chambres qui constituent l'assemblée nationale.

ART. 6. Il ne peut être établi de conseil d'État chargé d'attributions administratives.

Art. 7. L'impôt ne peut être perçu que s'il est librement voté par l'assemblée nationale ou par les conseils particuliers.

Art. 8. Le pouvoir judiciaire est maintenu dans sa forme actuelle; mais les juges de paix sont nommés par le suffrage universel du canton, recueilli au chef-lieu de chaque commune.

Les juges sont nommés sur une liste de candidats élus par les conseils municipaux, d'arrondissement et de département ; une loi en fixera le mode.

Art. 9. L'armée, en temps de paix, se compose de cadres d'officiers ; les soldats restent chez eux.

Art. 10. La dissolution de l'assemblée nationale aura lieu de fait lorsque la moitié des conseils généraux en aura exprimé le vœu. La dissolution du conseil général aura également lieu, si la moitié des conseils d'arrondissement du département le demande. Celle des conseils d'arrondissement d'après le vœu ¡de la moitié des conseils municipaux ; et celle des conseils municipaux par le conseil général du département.

Toutes les opérations électorales seront ordonnées, vérifiées, rejetées ou confirmées par les conseils, immédiatement inférieurs. Celles des élections municipales le seront par le conseil général du département.

Art. 11. Les lois organiques seront discutées ultérieurement, et ne pourront être contraires à l'esprit et aux principes de la présente constitution.

2356 — Nantes, Imp. de Ch. Gailmard, rue du Pas-Périlleux.